# NOTE

SUR LE

# PLAN DE GOMBOUST

PARIS. — TYPOGRAPHIE LAHURE
Rue de Fleurus, 9

# NOTE

SUR LE

# PLAN DE GOMBOUST

## A PARIS

POUR LA SOCIÉTÉ DES BIBLIOPHILES ·

—

M DCCC LXXVI

# NOTE

SUR

## LE PLAN DE GOMBOUST.

C'EST en 1852, jufte deux cents ans après la publication du plan de Gombouſt, que M. le comte Léon de Laborde, dont la mémoire eſt reſtée chère à tant de titres à tous ceux qui l'ont connu, en propoſa la reproduction à la Société des Bibliophiles françois (1).

La Société ayant accueilli cette idée avec empreſſement (2), l'exécution en fut confiée à

_______________

(1) Séance du 29 décembre 1852.

(2) Le dernier exemplaire vendu avoit atteint le prix de 700 francs à la vente Walckenaer. — M. Gilbert (des

A 1

M. Roguet, graveur de talent, qui avoit exé-
cuté, aux frais de M. le comte de Laborde,
une parcelle de ce plan pour fon excellent
ouvrage du *Palais Mazarin*. — Peu après,
M. Roguet ceffa de s'en occuper & préfenta
pour le remplacer M. Émile Lebel, qui s'eft
acquitté de ce travail de façon à ne laiffer
aucun regret à la Société.

L'exécution de ce plan, attentivement fur-
veillée par M. de Laborde, marcha d'abord
affez rapidement. Le 14 décembre 1853, les
épreuves des deux premières feuilles étoient
foumifes à la Société; le 12 avril 1854, les
troifième & quatrième étoient terminées, les
cinquième & fixième le 29 novembre de la
même année.

Le plan de Gombouft doit être accompagné
d'un texte que notre regretté collègue Leroux de Lincy a montré devoir être du ma-
thématicien Pierre Petit. Ce texte, qui man-
que habituellement, avoit été reproduit dans
fa forme primitive, deftinée à en faire une
forte d'entourage au plan. La Société voulut
auffi le reproduire in-8°, afin d'en rendre la
lecture plus facile. A cette reproduction,

tours Notre-Dame) en avoit un exemplaire qu'il avoit autrefois acheté très-peu de chofe fous les galeries du *Prado*,
établiffement interlope placé jadis fur le quai de Gèvres.
Notre publication fit tomber le prix de cet exemplaire à
peu près à moitié de celui de l'exemplaire Walckenaer.

M. de Lincy ajouta un très-intéreſſant diſ-
cours ſur l'œuvre de Gombouſt & une table
de tous les noms des rues, hôtels, &c., indi-
quẽs ſur le plan, qui permet aux perſonnes
ſtudieuſes de le conſulter facilement. Ce travail important, dont on n'avoit pas ſenti l'uti-
lité tout d'abord, ne fut commencé que plus
tard & ne parut que le 15 juillet 1858.

Il ne ſera pas inutile de dire ici qu'une
note explicative annoncée ſur le plan d'aſſemblage (au haut à droite) n'a jamais été
faite. On penſa que la notice d'une part, &
de l'autre les indications & numéros marqués
ſur le plan d'aſſemblage & ſur la feuille des
châteaux, ſuffiroient pour mettre les acheteurs
à même de réunir les neuf feuilles du plan &
le texte en un ſeul tableau. Il y a cependant
une vignette, celle marquée 32, repréſentant
*Neuville à M. de Bordeaux*, qui embarraſſe, car
on ne ſait quelle place lui donner dans la
réunion des neuf feuilles du plan.

Cette vignette a été priſe ſur l'exemplaire
du plan de Gombouſt, qui eſt à la bibliothèque de l'Inſtitut. Or cet exemplaire eſt
d'une édition ou plutôt d'un tirage différent.
Non-ſeulement l'adreſſe de la maiſon où ſe
vendoit le plan n'eſt plus celle d'Abraham
Boſſe, mais les armes de Paris remplacent
celles du chancelier Séguier, au-deſſus de la
vue de Saint-Germain. On y voit en outre les
armes de MM. Héron, premier échevin, de

Laporte, de Santeul & Rouſſeau, échevins ;
de M. Pietre, procureur du Roy, de M. Le
Maire, greffier, & de M. Boucot, receveur
de la ville.

C'eſt dernièrement que j'ai vu le plan de
l'Inſtitut : ſi je l'avois vu autrefois, j'aurois
demandé qu'on reproduisît ces armoiries &
j'aurois conſeillé à Lincy de ſignaler dans ſa
notice toutes les différences que je conſigne
ici. Je ſais bien que toutes ces armoiries ſe
trouvent dans Chevillard & ailleurs, mais il
eût été bon de les avoir avec le plan & dans
la forme que leur donna alors Gombouſt ou
l'acquéreur des planches de ſon plan.

Dans l'exemplaire de l'Inſtitut il n'y a pas
la vue de Bury Roſtaing. Cette vue fut-elle
remplacée par celle de Neuville ? Cela ſe peut ;
mais ces vues de châteaux ayant été décou-
pées & recollées ultérieurement, & le plan
ayant été retrouvé dans les greniers du Lou-
vre, où il étoit abandonné depuis des années,
lors du déménagement de la bibliothèque de
l'Inſtitut, on ne ſauroit déterminer ſûrement
la diſpoſition de l'ornementation de cette
deuxième édition du plan. On n'y voit plus
aucune des guirlandes qui, ſur le premier
tirage, alternent avec les châteaux, & on eſt
fondé à croire qu'elles furent effacées ſur les
planches lors de ce deuxième tirage & rem-
placées par les ſept écuſſons d'échevins, &c.,
& peut-être par la vue de Neuville. Mais il y

a neuf guirlandes & nous n'avons que fept planches d'écuffons. — C'eft une difficulté qu'on ne pourra réfoudre qu'en voyant un exemplaire de ce deuxième tirage dans fon état primitif, & non pas découpé & recollé comme eft celui de l'Inftitut.

Voici une autre bizarrerie. Les échevins dont les armes font repréfentées fur le deuxième tirage du plan de Gombouft, *avec* celles de M. Lefèvre, prévôt des marchands de 1652 à 1654, n'ont été nommés que fous la prévôté de M. de Sève, qui fuccéda à M. Lefèvre. Comment les éditeurs, voulant faire de l'actualité, n'ont-ils pas remplacé les armes de M. Lefèvre, prévôt en 1652, par celles de M. de Sève nommé en 1654, en même temps que MM. Héron & Rouffeau? (MM. de la Porte(1) & de Santeul furent nommés en 1655.) En tout cas, cette circonftance nous permet de fixer la date de ce deuxième

---

(1) Antoine de la Porte étoit un drapier, & il devint enfuite conful. L'auteur des *Fleurs du confulat de Paris,* 1676, in-4° de 16 pages, lui a adreffé la première de fes odes qui commence ainfi :

" Oui votre bon renom très-digne de la Porte. „

*Ce calembour qu'il avoit fait fans y penfer eût fait fortune de nos jours,* dit M. Pluquet, dans fes *Curiofités littéraires,* 1827, in-8°, p. 19. C'eft là que j'ai pris cette citation, car je n'ai jamais vu les *Fleurs du confulat* de Lebas des Ifles.

A 3

tirage à l'année 1655, feule année où les quatre échevins dont on donne les armoiries furent en charge fimultanément.

Je reviens maintenant à l'hiftoire de la publication du plan de Gombouft.

Il fut tiré à deux cent foixante-treize exemplaires & même à deux cent cinquante-huit
feulement, fi nos regiftres n'ont rien omis.
Dans ce nombre font compris les exemplaires
des membres (fur papier & fur VÉLIN). Ces
exemplaires de membres (fauf ceux fur vélin)
font tirés fur papier de Chine, & pour les
caractérifer davantage, l'artifte grava fur la
marge de chaque feuille, comme par une
forte de caprice, la vue d'une des tourelles
de Paris, que M. Riffaut avoit antérieurement
deffinées avant la difparition(1) du plus grand
nombre. Outre ces tourelles, au nombre de
fix (rues de Jérufalem, Hautefeuille, Bailleul,
de la Tixéranderie, Vieille-du-Temple, des
Prêtres-Saint-Germain-l'Auxerrois), l'artifte,
pour compléter les remarques des *neuf* feuilles
(le plan d'affemblage & les châteaux n'ont
point de remarques), a ajouté le *cul-de-fac du
Bœuf*, la *rue de la Vieille-Lanterne* & *l'hôtel de
Laufun*, fiége des féances de la Société depuis

-----

(1) Grâce *aux embelliffements de Paris*, qui, me difoit un
jour lord Houghtton, deviendra, fi cela continue, auffi *joli*
que Munich. Paris n'étoit pas encore *embelli* de fon nou-
vel Opéra.

1850 jufqu'à ce jour. Les tourelles & autres remarques furent effacées auſſitôt après le tirage des exemplaires des membres.

La Société avoit permis à ſes membres de faire tirer à leurs frais des exemplaires ſur vélin. En vertu de cette autoriſation, il fut tiré :

De tout l'ouvrage, plan proprement dit, onze feuilles, texte in-folio & notice in-8°,

CINQ exemplaires,

pour MM. le baron J. Pichon (1), Armand Cigongne, Duriez de Verninac, marquis de Bérenger, Beriah Botfield ;

Du plan proprement dit en onze feuilles & de la notice in-8°,

CINQ exemplaires,

pour MM. le comte de Labédoyère, comte de Laborde, comte de Chaponay, Firmin Didot & Mme Deleſſert ;

Du plan & du texte in-folio,

UN exemplaire,

pour M. le vicomte de Janzé ;

Du plan ſeul,

DEUX exemplaires,

pour MM. de Lincy & Paulin Paris.

Il avoit été propofé par M. de Laborde & accepté par la Société que les planches ſe-roient détruites après le tirage, afin d'arrêter

_______________

(1) Je ſuis l'ordre de nos liſtes faites par rang d'an-cienneté.

bien définitivement le nombre des exemplaires & d'affurer à chaque acquéreur une
part de propriété réelle de cette belle publication. L'engagement a été tenu, & le 13 jan-
vier 1864, à quatre heures, les planches ont
été brifées dans la cour de l'hôtel de Laufun, en préfence de MM. Pichon, préfident,
de Janzé, alors tréforier, Leroux de Lincy,
alors fecrétaire de la Société, de feu M. Petit
de Beauregard, fon clerc, & de M. Aubry,
feul des libraires de la Société qui répondit à
l'appel qui leur avoit été fait.

Dans la féance qui eut lieu le même jour
que le bris des planches, Mme la comteffe de
la Ferronnays, MM. Clément de Ris, de la
Marinière, Duriez de Verninac, de Noirmont,
de Beauchefne de Frefne & de Lincy deman-
dèrent que l'expreffion de leurs regrets fût
confignée au procès-verbal; mais la Société
ne pouvoit revenir fur l'engagement pris par
elle, & il faut reconnoître que le nombre
d'exemplaires tirés fuffifoit apparemment aux
befoins du public, puifqu'en 1875, *vingt ans*
après la publication, il en reftoit encore une
vingtaine dans les magafins de la Société.
Cet ouvrage eft toutefois une de nos publications qui s'eft le mieux vendue (1).

---

(1) Une de celles qui fe font le moins vendues eft le
regiftre du Chaftelet. Je le dis pour la honte du public,
car je ne connois pas de livre plus intéreffant & plus in-

A la fin de l'Empire, le Confeil municipal de
Paris fit prendre quinze exemplaires de notre
plan. Inutile de dire que ce fut de fon propre
mouvement & parce qu'il défiroit (1) l'avoir,
la Société des Bibliophiles n'ayant jamais reçu
aucune aide ni aucun encouragement. Grâce
à Dieu & à fa bonne adminiftration, elle
n'en a pas befoin & n'en demande pas.

La Société des Bibliophiles m'a permis de
publier ces détails fur une de fes plus belles
publications, aujourd'hui complétement épui-
fée, dans la penfée qu'ils pourroient intéreffer
les perfonnes qui s'occupent de l'hiftoire de
Paris & les poffeffeurs du plan.

Le Baron J. PICHON.

---

difpenfable pour les perfonnes qui s'occupent de l'hiftoire
du quatorzième fiècle & des hiftoires de provinces, & il a
été fort bien publié par M. Duplès-Agier.

(1) Feu M. Victor Foucher, confeiller à la Cour de caf-
fation & membre du Confeil municipal, me difoit un jour
en faifant l'éloge de notre plan, que fi la ville de Paris
eût voulu faire cette reproduction, elle lui eût coûté
trente mille francs & eût moins bien réuffi. (Hélas!)

PARIS. — TYPOGRAPHIE LAHURE
Rue de Fleurus, 9